This collection is dedicated to the memory of
Norm Muffitt, aka BUSH.

Cette compilation est dédiée à la mémoire de
Norm Muffitt, alias BUSH.

# CARICATURE • CARTOON
# CANADA

.ll.

sous la direction de • Terry Mosher • editor

www.lindaleith.com

Linda Leith Éditions • Linda Leith Publishing

Catalogage avant publication de Bibliothèque et Archives Canada

Caricature Canada / sous la direction de Terry

Mosher = Cartoon Canada / Terry Mosher, editor.

Publié aussi en format électronique.

Texte en français et en anglais.

ISBN 978-0-9878317-7-4

1. Canada--Politique et gouvernement--Caricatures et dessins humoristiques. 2. Caricatures en page éditoriale--Canada. 3. Humour par l'image canadien. I. Mosher, Terry, 1942- II. Titre: Cartoon Canada. III. Titre: Caricature cartoon Canada.

NC1446.C36 2012          741.5'971          C2012-901942-9F

Couverture : AISLIN
Typographie, montage et infographie : Mary Hughson
Traduction par Annabelle Moreau et Ève Pariseau
Achevé d'imprimé sur les presses de Marquis Imprimeur inc.

Library and Archives Canada Cataloguing in Publication

Caricature Canada / sous la direction de Terry

Mosher = Cartoon Canada / Terry Mosher, editor.

Issued also in electronic format.

Text in English and French.

ISBN 978-0-9878317-7-4

1. Canada--Politics and government--Caricatures and cartoons. 2. Editorial cartoons--Canada. 3. Canadian wit and humor, Pictorial. I. Mosher, Terry, 1942- II. Title: Cartoon Canada. III. Title: Caricature cartoon Canada.

NC1446.C36 2012          741.5'971          C2012-901942-9E

Cover illustration by AISLIN
Layout, design and electronic imaging by Mary Hughson
Translation by Annabelle Moreau and Ève Pariseau
Printed and bound in Canada by Marquis Imprimeur inc.

Dépôt légal : 2e trimestre 2012
Bibliothèque nationale du Québec • National Library of Canada

## Table des matières

## Table of Contents

# CARICATURE • CARTOON
# CANADA

## Comment la caricature canadienne est née

De manière générale, les bandes dessinées et la caricature se définissent comme des croquis humoristiques. Cependant, il peut être ardu de trancher entre les illustrations et les caricatures. Est-ce la satire qui délimite une frontière entre les deux univers ? Et à quel moment? Certaines illustrations plus classiques pourraient facilement être assimilées à la caricature, Léonard de Vinci en est un bon exemple, alors que certains dessins humoristiques pourraient aisément trouver leur place dans les musées consacrés aux formes d'arts plus traditionnelles.

Les premières caricatures recensées de l'Amérique du Nord se trouvent au Musée McCord à Montréal. Elles sont l'œuvre du brigadier-général George

## How Canadian Cartooning Arrived

We loosely define a cartoon or caricature as being a humorous sketch. But at what point do drawings cross the satirical line to become cartoons? It's hard to know. There are classic drawings that could easily be classified as caricatures — several by Leonardo da Vinci come to mind — while some cartoons would not be out of place in a museum devoted to conventional art.

The first known North American caricatures are housed at Montreal's McCord Museum. These were drawn in 1759 during the battle for Quebec by Brigadier-General George Townshend, who was third in command to British General James Wolfe. Townshend had a minor reputation in the London of his day as a provocative social caricaturist.

A 1759 satirical sketch drawn by Brigadier-General George Townshend that compares his commanding officer, General James Wolfe, to the tyrant Oliver Cromwell.

Courtesy of the McCord Museum.

Une esquisse satirique dessinée par le brigadier-général George Townshend comparant son supérieur, le général James Wolfe, au tyran Oliver Cromwell.

**George Townshend**
Gracieuseté du Musée McCord

Shade of Cromwell — Has England then come to this

Townshend, commandant en troisième sous les ordres du général James Wolfe, qui les a réalisées en 1759 lors de la prise de Québec par l'armée britannique. Townshend était déjà reconnu dans la société londonienne de l'époque comme un caricaturiste provocateur. Durant le long siège de Québec, le brigadier-général effectua plusieurs dessins peu flatteurs de Wolfe, au plus grand bonheur des autres officiers. Vexé de ses portraits insultants, Wolfe exigea d'ailleurs une enquête officielle.

Toutefois, l'histoire eut raison du général Wolfe qui trouva la mort sur les plaines d'Abraham, et c'est George Townshend – quels débuts prometteurs pour la caricature canadienne ! – qui accepta la capitulation de la ville, et signa le traité de paix. Il est intéressant de constater que Townshend ne tournait nullement en dérision Montcalm et les forces françaises, mais portait plutôt un regard satirique sur les siens.

Bien que la caricature politique ait été très populaire au Canada au XIX$^e$ et au début du XX$^e$ siècle, il a fallu attendre les années 1940 et 1950 pour que se développent ici une forme et une signature distinctives. Pour cela, nous devons remercier trois artistes

During the long siege at Quebec, Townshend drew several wicked cartoons of Wolfe, much to the amusement of his fellow officers. Upset by these insulting portrayals, Wolfe wanted an official inquiry. However, as we all know, Wolfe died on the Plains of Abraham and — how auspicious for Canadian cartooning! — it was George Townshend who accepted the surrender and signed the peace treaty. It is Interesting, too, that Townshend was not lampooning Montcalm and the French enemy forces but instead was poking fun at his own in a true satirical sense.

Although political cartooning was popular in Canada in the 19th and early 20th centuries, it wasn't until the 1940s and '50s that the form really came into its own here. For that we can thank three brilliant individuals. Robert LaPalme, Len Norris and Duncan Macpherson lived in different cities and, in styles very distinct one from another, they dealt with thoroughly different subject matter. In Montreal, LaPalme is particularly remembered for the devastating political cartoons he drew in *Le Devoir* during the reign of Quebec Premier Maurice Duplessis. Norris became a household name in Vancouver through his portrayals in *The Vancouver Sun* of local social

Maurice Duplessis as a pimp, selling off Quebec's natural resources to the Americans.

Maurice Duplessis, en proxénète, vendant les ressources naturelles du Québec aux Américains.

**Robert LaPalme**
*Le Canada* 1948

"He may lack something in competence...but his French is impeccable."

A jaded western view of Ottawa's civil servants. • Un regard désabusé sur les bureaucrates d'Ottawa.

## Len Norris *The Vancouver Sun* 1972

brillants : Robert LaPalme, Len Norris et Duncan Macpherson. Vivant dans trois villes différentes, et ayant développé des styles très distincts les uns des autres, ils ont composé avec des sujets très différents, mais ont collaboré chacun

and political foibles. Macpherson was the best known of the three for his hilarious *Toronto Star* cartoons of John Diefenbaker and other politicians of the 1950s through the 1980s. All three earned international acclaim and put

Lester Pearson defeats John Diefenbaker in a federal election.

Lester Pearson défait John Diefenbaker lors d'une élection fédérale.

**Duncan Macpherson** *Toronto Star* 1963

The end of Communism. • La fin du communisme.

**Roy Peterson** *The Vancouver Sun* 1989

à leur manière à la caricature politique canadienne.

À Montréal, on se souvient de Robert LaPalme pour ses cruelles caricatures politiques parues dans *Le Devoir* sous le règne du premier ministre Maurice Duplessis. Collaborateur au *Vancouver*

Canadian political cartooning firmly on the map. Perhaps even more importantly, Norris, Macpherson and LaPalme gave Canadian newspaper editors a thirst for good cartooning.

In the 1960s and 1970s, Canadian newspapers began recruiting a new

CLOSE ENOUGH!

QUEBEC

A not untypical western view of Pierre Trudeau. • Pierre Trudeau tel que vu dans l'Ouest.

**Edd Uluschak** *Edmonton Journal* 1981

*Sun*, le nom de Len Norris est rapidement devenu un incontournable à la suite de ses portraits des élus locaux et de leurs travers politiques. Duncan Macpherson, le plus célèbre des trois, a publié dans le *Toronto Star* des caricatures aussi hilarantes

generation of highly skilled cartoonists in their own right. The brilliant caricaturist Roy Peterson began working in tandem with Len Norris at *The Vancouver Sun*. Norris's influence stretched as far as Alberta where it could be seen in the early work of

Defending Arctic sovereignty.

À la défense de la souveraineté arctique.

**Vance Rodewalt**
*The Calgary Herald* 1985

que corrosives de John Diefenbaker et d'autres politiciens entre 1950 et 1980. Salués à l'international, les trois dessinateurs ont permis à la caricature politique canadienne de se démarquer. Plus important encore, Norris, Macpherson et LaPalme ont habitué les

Edd Uluschak of the *Edmonton Journal*. The stalwart cartoonist in Calgary at that time was Vance Rodewalt who first worked at *The Albertan* and then became the cartoonist for the *Calgary Sun*. Meanwhile, at the *Toronto Telegram* and, later, at the *Toronto Sun*, editors

An American fantasy as to what should be done to Ayatollah Khomeini.

Un fantasme américain sur le sort à réserver à l'ayatollah Khomeini.

**Andy Donato**
*Toronto Sun* 1979

rédacteurs en chef et autres éditeurs du pays à une caricature de qualité.

C'est au cours des années 1960 et 1970 que les journaux canadiens ont entrepris le recrutement d'une toute nouvelle génération de dessinateurs hautement qualifiés. Roy Peterson, caricaturiste encouraged Andy Donato to compete directly with Duncan Macpherson. Not to be outdone, *The Globe and Mail* brought master draughtsman Ed Franklin on board, a stalwart of that newspaper's editorial page for many years. Since that time, current Globe cartoonist Brian

"Bring out your dead ... Bring out your dead ..."

A brutal cabinet shuffle in Ottawa.

Un remaniement ministériel brutal à Ottawa.

**Ed Franklin**
*The Globe and Mail*
1976

**Brian Gable** *The Globe and Mail* 2002

de talent, a ainsi fait équipe avec Len Norris au *Vancouver Sun*. L'influence de Len Norris s'est fait sentir jusqu'en Alberta où elle était visible, par exemple chez le travail du jeune Edd Uluschak au *Edmonton Journal*. De plus, le doyen des caricaturistes de Calgary de l'époque, un certain Vance Rodewalt, a d'abord été à l'emploi de *The Albertan* avant de

Gable has carried on the tradition of biting satire, elegantly drawn.

Similar changes were taking place in Quebec, where four cartoonists came to dominate the French press in the post-LaPalme era. Jean-Pierre Girerd at *La Presse*, Roland Pier at *Le Journal de Montréal*, Roland Berthiaume (Berthio) at *Le Devoir* and – in Quebec City – Raoul

Pierre Trudeau & René Lévesque
**Jean-Pierre Girerd** *La Presse*

devenir le caricaturiste de *The Calgary Sun.*

Au même moment au *Toronto Telegram,* et plus tard au *Toronto Sun,* les rédacteurs en chef ont encouragé Andy Donato à se mesurer directement à Duncan Macpherson. Pour ne pas être en reste, *The Globe and Mail* a, à la

Hunter at *Le Soleil* were the masters during the politically turbulent 1960s and 1970s. Following in their footsteps came two brilliant talents, André-Phillippe Coté at *Le Soleil* and Serge Chapleau, now at *La Presse.* Chapleau began making waves with his hilarious caricatures of public figures, and that was when I started working at *The Gazette* from

même époque, intégré le grand maître de la caricature Ed Franklin à son équipe, devenu une icône de l'éditorial du quotidien. Depuis, le caricaturiste du *Globe and Mail*, Brian Gable a continué de faire vivre la tradition de la satire cinglante élégamment illustrée.

Au Québec, des changements similaires ont eu lieu dans l'ère post-LaPalme, alors que quatre caricaturistes triomphent dans la presse francophone. Jean-Pierre Girerd à *La Presse*, Roland Pier au *Journal de Montréal*, Roland Berthiaume (alias Berthio) au *Devoir*, et enfin, dans la capitale nationale, Raoul Hunter pour *Le Soleil*, ont été les maîtres à penser durant les perturbations politiques des années 1960 et 1970.

Leurs exemples ont permis à deux autres talents d'émerger : André-Philippe Coté au *Soleil*, et Serge Chapleau, encore à l'emploi de *La Presse*. La déferlante engendrée par ses caricatures désopilantes de personnages publics en était à ses débuts lorsque j'ai intégré *The Gazette*, quotidien qui offre un point de vue anglophone sur les questions québécoises. Il ne faut pas oublier les Maritimes, où la caricature politique

Pierre Trudeau's second child is born on Christmas Day.

Un deuxième fils de Pierre Trudeau naît le jour de Noël.

**Roland Pier**
*Le Journal de Montréal* 1973

HOT- BOB

Robert Bourassa.
**Roland Berthiaume** *Le Jour* 1976

est aussi florissante, merci au génie de Bruce MacKinnon qui travaille depuis 25 ans au *Chronicle Herald*.

D'un bout à l'autre du pays, ces individus ont pavé la voie aux caricaturistes talentueux d'aujourd'hui.

the English-language point of view on Quebec matters.

Political cartooning is also thriving in the Maritimes thanks to the genius of Bruce MacKinnon who has been working at Halifax's *The Chronicle Herald* for

René Lévesque.

**Raoul Hunter** *Le Soleil* 1984

La diversité impressionnante de styles et de points de vue deviendra de plus en plus manifeste alors que vous découvrirez les caricatures et illustrations rassemblées ici.

twenty-five years now, These individuals established the footprints that led the way to the array of talented cartoonists working across Canada today. The astonishing variety of styles and points of view will become evident as you view this collection.

Gilles Duceppe visits a cheese factory.

Gilles Duceppe visite une fromagerie.

**Serge Chapleau**
*La Presse* 1997

The Statue of Liberty decides to move back to France.

La statue de la Liberté décide de retourner en France.

**André-Philippe Côté**
*Le Soleil* 2003

O.K. EVERYBODY
TAKE A VALIUM!

René Lévesque's
Parti Québécois is elected to power.

Le Parti québécois de
René Lévesque est porté au pouvoir.

**Terry Mosher** *The Gazette* 1976

Joe Clark returns to lead Tories.

Joe Clark retourne à
la direction des conservateurs.

**Bruce MacKinnon**
*The Chronicle Herald* 1998

Un groupe de caricaturistes canadiens se réunissent lors d'un congrès à Québec en 2004. Ils ne pouvaient que se payer une chambre d'hôtel.

A group of Canadian cartoonists gather at a convention in Quebec City in 2004. They could only afford one hotel room.

## Les caricaturistes canadiens contemporains choisissent leurs illustrations préférées

À l'automne 2011, en tant que nouveau président de l'Association canadienne des dessinateurs éditoriaux, j'ai demandé à tous les membres de me faire parvenir leur meilleure caricature sur les Inuits et le Grand Nord canadien. Celles-ci ont été utilisées lors d'une exposition au Centre national des Arts du Canada à Ottawa afin de célébrer le 40$^e$ anniversaire de l'organisme à but non lucratif Inuit Tapiriit Kanatami, qui représente plus de 50 000 Inuits au pays.

Suite à cette expérience, c'est une

## Contemporary Canadian Cartoonists Pick their Favourite Illustrations

In the fall of 2011, as the newly appointed president of the Association of Canadian Editorial Cartoonists, I asked all of the members to send me their best cartoons on the subject of the Inuit and the Canadian North. These were used in an exhibition at the National Arts Centre in Ottawa to celebrate the 40th anniversary of Inuit Tapiriit Kanatami, a nonprofit organization in Canada that represents over 50,000 Inuit.

From that, the idea for this collection

conversation avec Oleg Dergachov qui m'a inspiré l'idée de cet ouvrage. Ce grand dessinateur russe ayant choisi de vivre à Montréal, m'a raconté l'histoire d'un caricaturiste moscovite qui, à l'aube de sa mort, aurait insisté pour qu'une de ses caricatures préférées soit gravée sur sa pierre tombale à la place de l'insipide texte habituel. Semble-t-il que depuis, des confrères se rassemblent chaque année pour boire une vodka ou deux à la santé de leur ami disparu au-dessus de sa singulière épitaphe.

L'anecdote d'Oleg pose aux caricaturistes une question essentielle : à ce jour, pour lequel de vos dessins voudriez-vous passer à la postérité? La réponse des caricaturistes politiques de tout le pays, incluant la sélection originale sur les Inuits et le Grand Nord, a été prise en considération et le résultat se trouve dans ce livre qui rassemble leurs dessins préférés.

Cet ouvrage, bien de son temps, se présente comme un aperçu des différentes préoccupations et réactions des Canadiens. Si certaines illustrations sont plutôt controversées, elles témoignent surtout de l'esprit, de la sagesse et du talent de nos caricaturistes. Les points de vue et les styles présentés étant variés, ce livre est la preuve que les caricaturistes, d'un bout à l'autre du pays, sont particulièrement doués.

evolved after a conversation I had with the great Russian cartoonist Oleg Dergachov, who now lives in Montreal. Oleg told me of a Moscow cartoonist who, on his deathbed, asked that one of his favourite cartoons be engraved on his headstone. Apparently a group of colleagues now gather annually and toast their former friend over his unique gravestone with a glass of vodka or two.

The anecdote poses a question of any cartoonist: What cartoon have you drawn to date that you would most like to be remembered for? Therefore, I asked all the political cartoonists now working across Canada that very question – and then asked them to send me additional favourites that would, along with the original Inuit selection, be placed in consideration for this book.

This, then is a snapshot of contemporary Canadian concerns and attitudes — some quite controversial – as illustrated through the wit and wisdom of our cartoonists. Given the variety, this collection is proof that Canadian cartoonists working right across the land are very, very good at what they do.

Prime Minister Stephen Harper talks through his control issues.

Le premier ministre Stephen Harper et sa manie du contrôle.

**Michael De Adder** Halifax 2011

Jean Chrétien responds to the Gomery inquiry.

La réponse de Jean Chrétien à la Commission Gomery.

**Bruce MacKinnon** *The Chronicle Herald* 2005

Quebec Premier Jean Charest's plan for the North.

Le Plan Nord du premier ministre québécois Jean Charest.

**Jean Isabelle** *Le Nouvelliste* 2011

**André-Philippe Côté** *Le Soleil* 2012

Evolution of unionism.

L'évolution du mouvement syndical.

**Yannick Lemay** *Le Journal de Québec* 2011

# PENSIONS: LE SABOT D'HARPER...

Tories tinker with old age pensions.
Les conservateurs tripotent les pensions de vieillesse.
**Christian Daigle**  *Yahoo, Québec*  2012

Montreal Canadiens fail to make the playoffs.

Les Canadiens de Montréal ne se rendent pas en séries.

**Hervé Philippe** *La Tribune* 2012

# La prison à vie dès quatorze ans

Tories take a hard stance on crime.
Les conservateurs durcissent le ton sur la criminalité.
**Mario Lacroix** *Le Quotidien* 2009

GÉNÉRATION

Marc Beaudet *Le Journal de Montréal* 2008

Jacques Parizeau as Louis XIV.

Jacques Parizeau en Louis XIV.

**Serge Chapleau** *La Presse* 1995

Pascal Élie *The Gazette* 2010

A new pencil sharpener for cartoonists. Self-portrait.

Un nouvel aiguisoir pour les caricaturistes. Autoportrait.

**Michel Garneau** *Le Devoir* 2006

Parti québécois language minister Louise Beaudoin as dominatrix.

La ministre péquiste de la Langue Louise Beaudoin en dominatrice.

**Terry Mosher** *The Gazette* 1998

Stephen Harper recharging himself.

Stephen Harper se rechargeant.

**Dave Rosen** *Montreal Mirror* 2010

JEAN CHRETIEN'S SIN CITY

Liberal sponsorship scandal.

Le scandale des commandites au Parti libéral.

**Anthony Bonaparte** *The Suburban* 2005

Equality • Égalité

**Jacques Goldstyn** *Le Couac* 2011

Stéphane Dion walks the plank.

Stéphane Dion subit le supplice de la planche.

**Cameron Cardow** *Ottawa Citizen* 2008

*Le raciste, c'est l'autre!*

Racism. • Le racisme.

**Guy Badeaux** *Le Droit* 2007

Gadaffi. • Khadafi.

**Fred Sebastian** Ottawa 2011

Arctic traffic jam.

Bouchon de circulation arctique.

**Andy Donato** *Toronto Sun* 1993

Finance Minister Jim Flaherty fights a possible recession.

Le ministre des Finances Jim Flaherty combat une possible récession.

**Tim Dolighan** *The Toronto Sun* 2008

On the beach. • Sur la plage.

**Sue Dewar** *Ottawa Sun* 1997

Federal budget spending priorities.

Les priorités de dépenses du budget fédéral.

**Patrick Corrigan** *Toronto Star* 2010

Paul Martin.

**Theo Moudakis** *Toronto Star* 2004

TURKS AND CAICOS, MAURITANIA, TIJUANA CITY COUNCIL, TOGO, CHRISTMAS ISLAND, ST-PIERRE AND MIQUELON, BURKINA FASO, THE SWISS CANTONS, YUCATAN, FRENCH POLYNESIA, TASMANIA, THE BUENOS AIRES LIONS CLUB, MADAGASCAR, THE COOK ISLANDS, THE PRINCIPALITY OF ANDORRA ...

OUR DEAREST FRIENDS AND ALLIES

ANY MINUTE NOW...

George W. Bush forgets to thank Canada for its post 9-11 support.

George W. Bush oublie de remercier le Canada pour son appui à la suite du 11 septembre.

**Brian Gable** *The Globe and Mail* 2001

Somalian terrorists threaten Canada.

Des terroristes somaliens menacent le Canada.

**Tony Jenkins** *The Globe and Mail* 2011

cinders mcleod

Words can be vicious.

Les mots peuvent être vicieux.

**Cinders Macleod** *The Globe and Mail* 2002

Former U.S. President George W. Bush.
L'ex-président américain George W. Bush.
**Wes Tyrell** Toronto 2003

_G. Clement_

Canada's women's hockey team wins the gold at the Olympics.

L'équipe canadienne de hockey féminin
remporte l'or aux Jeux olympiques.

**Gary Clement** _National Post_ 2006

Hamiltonian Sheila Copps sporting a Tim Horton's bonnet.

L'Hamiltonienne Sheila Copps portant un bonnet de Tim Horton.

**Graeme MacKay** *The Hamilton Spectator* 2004

Corruption scandals plagued two former Prime Ministers.

Des scandales de corruption hantent deux anciens premiers ministres.

**Mike Graston** *Windsor Star* 2002

Go North, young man!

*Allez vers le nord, jeune homme !*

**Gareth Lind** *Eye Weekly* 2002

Barack Obama and the U.S. debt.

Barack Obama et la dette américaine.

**Dale Cummings** *Winnipeg Free Press* 2008

Public reaction to the proposed Goods and Services Tax.

La réaction publique à la taxe sur les produits et services.

**Malcolm Mayes** *Edmonton Journal* 1990

The polar cap is melting at an alarming rate.

La couche polaire fond à un rythme alarmant.

**John Larter** *The Calgary Herald*

COWZILLA
THE COW THAT TERRIFIED THE WORLD

Mad cow disease.

La maladie de la vache folle.

**Vance Rodewalt** *The Calgary Herald* 2003

Former Alberta Premier Ralph Klein.

L'ancien premier ministre albertain Ralph Klein.

**Patrick LaMontagne** *Rocky Mountain Outlook* 2006

**Graham Harrop** *The Vancouver Sun* 2009

Exit Strategy

KRIEGER © 2004
The Province

**Bob Krieger** *The Vancouver Province* 2004

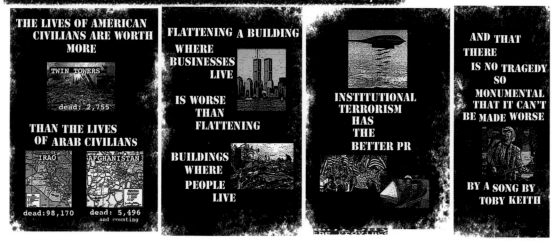

WHAT WE HAVE REALLY LEARNED FROM 9/11

THE LIVES OF AMERICAN CIVILIANS ARE WORTH MORE

TWIN TOWERS
dead: 2,755

THAN THE LIVES OF ARAB CIVILIANS

IRAQ
dead: 98,170

AFGHANISTAN
dead: 5,496
and counting

FLATTENING A BUILDING WHERE BUSINESSES LIVE

IS WORSE THAN FLATTENING

BUILDINGS WHERE PEOPLE LIVE

INSTITUTIONAL TERRORISM HAS THE BETTER PR

AND THAT THERE IS NO TRAGEDY SO MONUMENTAL THAT IT CAN'T BE MADE WORSE

BY A SONG BY TOBY KEITH

**Dan Murphy** *The Vancouver Province* 2011    murphy

**Geoff Olson** *The Courrier,* Vancouver 2003

Greg Perry Perry Ink 2011

**Grahame Arnould** *The Georgia Straight* 2011

**Adrian Raeside**  *The Times Colonist*  2011

# berry

Nature Calls.

L'appel de la nature.

**Berry Wijdeven**.
*Haida Gwaii Observer*
2008

## La caricature régionale

Au Canada, plus d'un pourrait être surpris de l'omniprésence de la caricature et de la bande dessinée. Même si cela ne constitue pas leur gagne-pain, il y a plus d'une centaine d'individus qui chaque jour, chaque semaine, mettent en image des sujets d'importance pour des journaux locaux et autres publications desservant les petites communautés aux quatre coins du pays.

## Regional Cartooning

Cartooning in Canada is more ubiquitous than one might think. Although they don't make a living at it, there may be a hundred or so individuals drawing cartoons on local subject matter for weekly newspapers and other publications in smaller communities right across the country.

Berry Wijdeven is a Species-at-Risk Recovery Coordinator for the Ministry

Berry Wijdeven est responsable de la valorisation des espèces en péril sur les îles de la Reine-Charlotte pour le compte du ministère britanno-colombien des Forêts. Ces tâches ne l'empêchent pas de signer sous le nom de Berry une bande dessinée très populaire appelée « Nature Calls » (L'Appel de la nature) dans le journal régional. Ces illustrations sont tellement populaires qu'il les a regroupées et publiées ! Et ses ouvrages se vendent comme des petits pains chauds au marché d'alimentation local.

À l'autre bout du pays, Kevin Tobin résident de Saint-Jean, Nouveau-Brunswick, travaille en publicité. Plusieurs fois par semaine, durant son heure de dîner, il planche sur une caricature qu'il fait ensuite parvenir par taxi au journal local The Telegram !

Derek Hammel est un fonctionnaire à la retraite. Plus connu sous le nom de Deke, il est caricaturiste pour Fitzhugh, un hebdomadaire de Jasper en Alberta où il offre à ses lecteurs des illustrations incisives sur les affaires locales. Une de ses plus célèbres caricatures représente des gardiens de parc pourchassant des cerfs hors de la ville à l'aide de bâtons de hockey.

Pierre Brignaud trace d'exceptionnelles caricatures dans L'Oeil Régional,

of Forests on the Queen Charlotte Islands in British Columbia. But Berry (as he signs his work) also draws a very popular comic strip called "Nature Calls" for the local newspaper. The strip is so popular that he has produced books of his cartoons that sell very well, particularly in the local grocery store!

On the other coast, Kevin Tobin has a day job in advertising in St. John's Newfoundland. Several times a week, Kevin will draw a cartoon on his lunch hour – and then sends it over to the local newspaper The Telegram by taxi!

Derek Hammell is a retired civil servant, better known as Deke, who is the cartoonist for the Jasper, Alberta weekly newspaper, Fitzhugh. There, he offers up cheeky comment on local affairs, having famously depicted park wardens chasing elk out of town with hockey sticks.

Pierre Brignaud draws exceptional cartoons for the suburban publication L'Oeil Régional in rural Quebec. The quality of Brignaud's work would hold its own in any newspaper anywhere in the world.

Though not all regional cartooning in Canada today is of this caliber, its interest in local issues nevertheless reminds us of the courage that is at the heart of effective cartooning: It is far

# BRïGNAUD

Surrounded!

Cerné!

**Pierre Brignaud**
*L'Oeil Régional* 2010

hebdomadaire de la petite ville de Beloeil, une banlieue québécoise à une cinquantaine de kilomètres de Montréal. La qualité de son travail se compare à celle des plus grands journaux et périodiques internationaux.

Si les caricaturistes « régionaux » ne sont pas tous de ce calibre, il est easier to mock a Prime Minister than to poke fun at a local business or your town's mayor, who might well be your next-door neighbour.

This is why many of these smaller market cartoonists have been invited to join the Association of Canadian Editorial Cartoonists. Much of the

Bush

Scrabble is translated
into Inuktitut.

Le jeu de Scrabble
traduit en Inuktitut.

**Norm Muffitt**
*News North* 2010

important de souligner que pour s'intéresser aux enjeux locaux, le dessinateur doit faire preuve d'un grand courage, celui-là même au cœur du dessin humoristique et de sa puissance d'évocation. Il est beaucoup plus facile de se moquer d'un premier ministre que de tourner en dérision les entrepreneurs locaux ou le maire de sa

recruiting of these new members was carried out by Norm Muffitt, a very enthusiastic ACEC member. Drawing under the pen-name Bush — he once worked in the north as a bush pilot — Norm's work appeared for years in many of Canada's northern publications.

Muffitt had hoped to be in Montreal for

ville, en sachant qu'ils sont peut-être nos voisins immédiats !

Nous voulions leur rendre hommage : voilà pourquoi, des caricaturistes possédant moins de visibilité ont également été invités à se joindre à l'Association canadienne des dessinateurs éditoriaux. Ces nouveaux membres ont été recrutés par Norm Muffit, un des adhérents les plus enthousiastes de l'Association. Muffit, sous son nom de plume, Bush, a déjà été pilote de brousse (« bush pilot ») dans le nord du pays et ses dessins ont paru des années durant dans des publications nord-canadiennes.

Norm Muffit tenait à venir à Montréal en juin 2012 pour accueillir les nouveaux membres lors du congrès de l'Association canadienne des dessinateurs éditoriaux. Malheureusement, un cancer l'a emporté en 2011 et parce que toute l'Association lui est particulièrement reconnaissante, cet ouvrage lui est dédié.

our cartoonist's convention in June of 2012 to welcome our newer members. Unfortunately, Norm died in 2011 of cancer. Because of our collective fondness for him, this collection is dedicated to his memory.

The cartoonist on deadline.

Caricaturiste travaillant avec un délai serré.

**John Fewings** *Peterborough This Week* 1993

Issues in the county of North Dundas, Ontario.

Problèmes dans le comté de North Dundas en Ontario.

**Sheree Bradford-Lea**
*Winchester Press* 2011

Jean Chrétien encourages an NDP/Liberal union.

Jean Chrétien favorise une fusion du NPD avec le Parti libéral.

**Joseph Laquerre**
*La Source*, Vancouver 2011

A Rolling Stone is spotted visiting Hillier,
a township in Prince Edward County, Ontario.

Deux membres du groupe les Rolling Stones sont aperçus dans
le village de Hillier dans le comté Prince Edward en Ontario.

**Susan Moshynski** *County Weekly News* 2007

Pauline Marois sidestepping Lucien Bouchard.

Pauline Marois évite Lucien Bouchard.

**François Beaudreau**
*L'annonceur* 2011

Texting.

Clavardage.

**Patrick Hickey**
*Good News Toronto* 2010

# michener

Maritimes fishing industry is in dry dock.

L'industrie de la pêche des Maritimes en cale sèche.

**Ted Michener**
*St. Croix Tribune* 2011

# WYATT

Assembly line recovery.

La reprise dans les chaînes de montage.

**Wyatt Tremblay**
*Yukon News* 2010

**Scott Johnston** *The Auroran* 2006

Consequences of global warming.

Les conséquences du
réchauffement planétaire.
**Serge Métivier**
circulationquebec.com 2011

79

Toronto mayor Rob Ford calls the police after
an unexpected visit from comedian Mary Walsh/Marg Delahunty.

Le maire de Toronto, Tom Ford, appelle la police après une visite-surprise
de la comédienne Mary Walsh déguisée dans son personnage de Marg Delahunty.

**Kevin Tobin** *The Telegram* 2011

"An election during Roll Up season is just going to be a distraction don't you think?"

Roll up the rim to win!

Roulez le rebord pour gagner!

**Patrick Callaghan**
*Owen Sound Sun Times* 2011

Artist(s) at work. • Artiste (s) à l'œuvre.

**Phillip Street** *Fisher Archives* 2011

## Le travail des caricaturistes canadiens à l'étranger

En rassemblant ces dessins, j'ai découvert un phénomène intéressant : il y a plus d'une douzaine d'excellents caricaturistes vivant au Canada (certains sont connus, d'autres moins) dont le travail est davantage reconnu à l'étranger.

ANDY, ou David Anderson a été pigiste pour plusieurs publications torontoises tout en continuant de dessiner pour le *Sunday Times*, hebdomadaire sudafricain, son pays d'origine. Les lecteurs du *Toronto Star* connaissent bien les charmants dessins de Dušan Petricic, mais combien d'entre eux réalisent que Dušan est le caricaturiste le plus populaire à Belgrade, ville qui l'a vu naître, et ce, même s'il vit au Canada depuis plus de 20 ans ? De la même manière, David Parkins, résident de Kingston en Ontario, collabore à *The*

## Cartooning from Afar

In gathering these cartoons, I discovered an interesting phenomenon: There are a dozen or so excellent cartoonists living in Canada (some known to Canadians, others not) whose work is better known elsewhere.

For example, ANDY, or David Anderson, has freelanced for any number of Toronto publications while continuing to draw for *The Sunday Times* in his native South Africa. *Toronto Star* readers are familiar with the charming cartoons of Dušan Petricic. But how many of them realize that Dušan remains the most popular cartoonist in his native Belgrade even after living here for 20 years? Similarly, David Parkins, who lives in Kingston, Ontario, has picked up some freelance work here in Canada for *The Walrus* magazine and other publications. Nevertheless, Parkins still contributes

Neil Young
**Kerry Waghorn**
Vancouver 2010

*Walrus*, entre autres périodiques canadiens, mais continue d'illustrer pour *The Guardian*, *The Times* et *The Observer*, dans sa Grande-Bretagne natale.

MELKI (Melquiades Melgarejo) est l'un des illustrateurs les plus connus au Paraguay, malgré qu'à l'instar d'Oleg Dergachov, il ait choisi Montréal comme ville d'adoption. Oleg ne rate pas une occasion de présenter son travail dans les compétitions internationales d'illustration, tout comme Peter Radacina de Burnaby en Colombie-Britannique et le caricaturiste québécois Robert Lafontaine.

Shahid Mahmood, Nikahang Kowsar et Anita Kunz habitent Toronto, mais leurs dessins sont principalement destinés aux marchés américains et internationaux. Anita Kunz est particulièrement célèbre puisque certaines de ses illustrations ont été publiées dans *The New Yorker*, *Rolling Stone*, et le *Time* pour ne nommer que ceux-là. De plus, elle a été la première femme et la première Canadienne à obtenir une exposition solo à la Bibliothèque du Congrès américain à Washington en 2003.

Terry Mosher (Aislin)

Président

L'Association canadienne des dessinateurs éditoriaux

illustrations to *The Guardian*, *The Times* and *The Observer* back in his native England.

MELKI (Melquiades Melgarejo) is one of the best-known graphic illustrators in Paraguay, though he, like Oleg Dergachov, now lives in Montreal. Oleg submits his work to all of the major international cartoon competitions as do Peter Radacina of Burnaby, B.C. and Québécois cartoonist Robert Lafontaine.

Shahid Mahmood, Nikahang Kowsar and Anita Kunz live in Toronto but draw primarily for American publications and the international market. Anita is particularly well known, having drawn illustrations for *The New Yorker*, *Rolling Stone*, *Time*, and many other publications. In 2003, she was the first woman and the first Canadian to have a solo show at the Library of Congress in Washington, D.C.

Terry Mosher (Aislin)

President

The Association of Canadian Editorial Cartoonists

The European Union

L'Union européenne

**David Anderson.**
*Sunday Times*, South Africa  2011

TORONTO ZOO

CANADIANS

LANDED IMMIGRANTS

*DUŠAN*

Immigration, Canada!
**Dušan Petricic** *Toronto Star* 2008

Obesity • L'obésité
**David Parkins** *The Observer* 2008

**David ParkinS**

Melki

Affairs of the heart.

Les affaires du cœur.

**Melquiades Melgarejo** *Popular*, Paraguay  2011

Peacemakers

Artisans de la paix

**Oleg Dergachov** *Montreal-Toronto* 2005

PETER RADACINA

As technology advances...

À mesure que la technologie progresse...

**Peter Radacina** *Portocartoons* 2011

The Romantic.

Le romantique.

**Robert Lafontaine** *Magazin'Art* 2007

An alliance between Uncle Sam and Islamist fundamentalists?

Une alliance entre l'oncle Sam et les fondamentalistes islamiques ?

**Shahid Mahmood** *Huffington Post* 2007

Iranian protestors.
Des manifestants iraniens.
**Nikahang Kowsar** *PBS* 2009

Girls will be girls.

Les filles resteront des filles.

**Anita Kunz** *The New Yorker* 2007

Organiser une conférence nationale requiert beaucoup de travail. L'Association canadienne des dessinateurs éditoriaux apprécie grandement la contribution de ses commanditaires et tient à remercier sincèrement tous ceux qui ont fourni l'aide, le soutien et les autorisations de reproduction nécessaires à cette publication. Merci.

Putting together a national conference involves a tremendous amount of work. The Association of Canadian Editorial Cartoonists greatly appreciates the contributions of our sponsors and sincerely thanks all of those who provided help and support and permission to reproduce cartoons. Thank you.

## Larry & Cookie Rossy Foundation

## Norman Webster

## Fondation de la famille Zeller • Zeller Family Foundation

## N|A|T|I|O|N|A|L

**Rae Turley**     **Reford MacDougall**     **Guy Badeaux**